The Small Joys of Everyday Life: Short Stories for German Language Learners

Artici Bilingual Books

Published by Artici Bilingual Books, 2024.

THE SMALL JOYS OF EVERYDAY LIFE: SHORT STORIES FOR GERMAN LANGUAGE LEARNERS

First edition. March 8, 2024.

Copyright © 2024 Artici Bilingual Books.

ISBN: 979-8224074402

Written by Artici Bilingual Books.

Table of Contents

Das neue Sofa

In der kleinen Stadt Weidenburg war das Wohnzimmer von Frau Müller der Mittelpunkt ihres Zuhauses. Dort verbrachte sie gemütliche Abende mit ihrer Familie, las Bücher und unterhielt sich mit Freunden. Doch in letzter Zeit hatte das alte Sofa, das seit Jahren in ihrem Wohnzimmer stand, seine besten Tage hinter sich. Die Polster waren durchgesessen, und die Farbe hatte ihre ursprüngliche Pracht verloren.

Eines Tages beschloss Frau Müller, dass es Zeit für ein neues Sofa war. Sie hatte schon lange von einem gemütlichen Sofa geträumt, auf dem die ganze Familie Platz fand und das zugleich stilvoll und komfortabel war. Also machte sie sich auf den Weg zu Möbelhaus Becker, um sich nach einem neuen Sofa umzusehen.

Im Möbelhaus wurde Frau Müller von einer freundlichen Verkäuferin begrüßt, die ihr die neuesten Modelle zeigte. Frau Müller war von der Vielfalt der Auswahl überwältigt. Es gab Sofas in allen Farben, Formen und Größen, von modern bis klassisch, von minimalistisch bis opulent.

Nachdem sie einige Modelle ausprobiert hatte, fand Frau Müller schließlich das perfekte Sofa. Es war ein elegantes Modell in einem warmen Braunton, mit weichen Kissen und einer großzügigen Sitzfläche. Frau Müller konnte es kaum erwarten, ihr neues Sofa in ihrem Wohnzimmer zu sehen.

Das Sofa wurde geliefert und von den Möbelträgern sorgfältig in Frau Müllers Wohnzimmer platziert. Als sie es zum ersten Mal sah, strahlte sie vor Freude. Es passte perfekt zu ihrer Einrichtung und verbreitete eine gemütliche Atmosphäre im Raum.

Frau Müller lud sofort ihre Familie und Freunde ein, um ihr neues Sofa zu bewundern. Alle waren begeistert von dem eleganten Design und dem hohen Sitzkomfort. Bald wurde das Sofa zum Lieblingsplatz der

Familie, an dem sie gemeinsam Zeit verbrachten und Erinnerungen schufen.

Und so saß Frau Müller glücklich auf ihrem neuen Sofa, umgeben von Liebe und Wärme, und wusste, dass sie alles hatte, was sie brauchte, um glücklich zu sein.

The New Sofa

In the small town of Weidenburg, Mrs. Müller's living room was the center of her home. There, she spent cozy evenings with her family, read books, and chatted with friends. But lately, the old sofa that had been in her living room for years had seen better days. The cushions were worn out, and the color had lost its original splendor.

One day, Mrs. Müller decided it was time for a new sofa. She had long dreamed of a cozy sofa where the whole family could sit comfortably, which was both stylish and comfortable. So she set off to Becker Furniture Store to look for a new sofa.

At the furniture store, Mrs. Müller was greeted by a friendly saleswoman who showed her the latest models. Mrs. Müller was overwhelmed by the variety of choices. There were sofas in all colors, shapes, and sizes, from modern to classic, from minimalist to opulent.

After trying out some models, Mrs. Müller finally found the perfect sofa. It was an elegant model in a warm brown tone, with soft cushions and a generous seating area. Mrs. Müller couldn't wait to see her new sofa in her living room.

The sofa was delivered and carefully placed in Mrs. Müller's living room by the furniture carriers. When she saw it for the first time, she beamed with joy. It perfectly matched her decor and created a cozy atmosphere in the room.

Mrs. Müller immediately invited her family and friends to admire her new sofa. Everyone was impressed by the elegant design and the high seating comfort. Soon, the sofa became the favorite spot for the family, where they spent time together and created memories.

And so Mrs. Müller sat happily on her new sofa, surrounded by love and warmth, knowing that she had everything she needed to be happy.

Glück an einem Dienstagnachmittag

In dem beschaulichen Städtchen Sonnental verbreitete sich an einem Dienstagnachmittag ein besonderes Gefühl von Glückseligkeit. Die Sonne strahlte vom Himmel, und eine sanfte Brise wehte durch die Straßen, während die Bewohner des Städtchens ihrem täglichen Treiben nachgingen.

Unter diesen Bewohnern befand sich Sophie, eine junge Frau mit einem warmen Lächeln und einem offenen Herzen. Sie war eine leidenschaftliche Künstlerin, die es liebte, die Schönheit der Welt um sie herum in ihren Gemälden festzuhalten. An diesem besonderen Dienstagnachmittag hatte Sophie beschlossen, an einem ihrer Lieblingsorte im Freien zu malen - dem malerischen Park am Rande der Stadt.

Bewaffnet mit ihrer Staffelei, ihren Farben und einer Leinwand machte sich Sophie auf den Weg zum Park. Sie genoss den Spaziergang durch die blühenden Gassen, wo die bunten Blumen in den Vorgärten in der warmen Nachmittagssonne leuchteten. Es war, als ob die Natur selbst sie begrüßte und ihr Glück wünschte für ihren kreativen Tag.

Als Sophie den Park erreichte, suchte sie sich einen ruhigen Platz unter einem alten Baum aus und begann, die Szene vor ihr auf die Leinwand zu zaubern. Die Vögel zwitscherten fröhlich, und das sanfte Rauschen der Blätter im Wind begleitete ihr Schaffen. Sophie fühlte sich eins mit der Natur, als sie die leuchtenden Farben auf die Leinwand brachte.

Während sie malte, bemerkte Sophie plötzlich eine ältere Dame, die auf einer Bank in der Nähe saß und sie beobachtete. Die Dame lächelte freundlich und winkte Sophie zu. Neugierig machte Sophie eine kurze Pause in ihrem Malen und ging zu der Dame hinüber.

Die ältere Dame stellte sich als Frau Meier vor und erzählte Sophie, dass sie selbst früher eine leidenschaftliche Malerin gewesen sei. Sie bewunderte Sophies Talent und war beeindruckt von der Schönheit ihres Gemäldes. Sophie lächelte dankbar und lud Frau Meier ein, sich neben sie zu setzen und ihr beim Malen zuzusehen.

Während sie weitermalte, begannen Sophie und Frau Meier sich zu unterhalten. Sie sprachen über Kunst, das Leben und die kleinen Freuden, die es zu bieten hat. Sophie erfuhr, dass Frau Meier seit dem Tod ihres Mannes vor einigen Jahren alleine lebte und oft Einsamkeit verspürte. Doch an diesem besonderen Dienstagnachmittag fühlte sich Frau Meier nicht mehr allein. Sie genoss die Gesellschaft von Sophie und die Freude, die ihre Kunst ihr brachte.

Als die Sonne langsam hinter den Bäumen verschwand und der Tag sich dem Ende neigte, betrachteten Sophie und Frau Meier gemeinsam das vollendete Gemälde. Es war ein Meisterwerk der Natur, eingefangen auf Leinwand, und ein Symbol für die Freundschaft und das Glück, das sie an diesem besonderen Dienstagnachmittag gefunden hatten.

Happiness on a Tuesday Afternoon

In the quaint town of Sun Valley, a special feeling of bliss spread one Tuesday afternoon. The sun beamed from the sky, and a gentle breeze wafted through the streets as the town's residents went about their daily routines.

Among these residents was Sophie, a young woman with a warm smile and an open heart. She was a passionate artist who loved capturing the beauty of the world around her in her paintings. On this particular Tuesday afternoon, Sophie had decided to paint at one of her favorite outdoor spots - the picturesque park on the edge of town.

Armed with her easel, paints, and canvas, Sophie made her way to the park. She enjoyed the stroll through the blooming lanes, where colorful flowers in the front yards gleamed in the warm afternoon sun. It was as if nature itself greeted her, wishing her happiness for her creative day.

As Sophie reached the park, she found a quiet spot under an old tree and began to conjure the scene before her onto the canvas. The birds chirped cheerfully, and the gentle rustle of leaves in the wind accompanied her work. Sophie felt at one with nature as she brought the vibrant colors to life on the canvas.

While painting, Sophie suddenly noticed an elderly lady sitting on a bench nearby, watching her. The lady smiled kindly and waved to Sophie. Curious, Sophie took a brief pause from her painting and walked over to the lady.

The elderly lady introduced herself as Mrs. Meier and told Sophie that she used to be a passionate painter herself. She admired Sophie's talent and was impressed by the beauty of her painting. Sophie smiled gratefully and invited Mrs. Meier to sit beside her and watch her paint.

As they continued painting, Sophie and Mrs. Meier began to converse. They talked about art, life, and the simple joys it brings. Sophie learned that Mrs. Meier had been living alone since her husband's passing several years ago and often felt lonely. But on this special Tuesday afternoon, Mrs. Meier no longer felt alone. She enjoyed Sophie's company and the joy her art brought her.

As the sun slowly disappeared behind the trees and the day drew to a close, Sophie and Mrs. Meier admired the finished painting together. It was a masterpiece of nature, captured on canvas, and a symbol of the friendship and happiness they had found on this special Tuesday afternoon.

Das Neue Haus

In einem kleinen Dorf namens Sonnenblick gab es ein altes Haus, das seit vielen Jahren leer stand. Die Fenster waren von Staub bedeckt, die Farbe blätterte von den Wänden, und das Dach hatte einige Löcher. Es war ein trauriger Anblick, der die Bewohner des Dorfes schon lange betrübte.

Eines Tages jedoch änderte sich alles, als eine Familie beschloss, das alte Haus zu renovieren und dort einzuziehen. Die Familie bestand aus Peter, einem freundlichen Vater, der als Architekt arbeitete, seiner Frau Julia, einer talentierten Malerin, und ihren beiden Kindern, Max und Sophie.

Die Familie war schon lange auf der Suche nach einem neuen Zuhause, und als sie das alte Haus in Sonnenblick entdeckten, wussten sie sofort, dass es das Richtige für sie war. Sie waren von seinem rustikalen Charme und dem idyllischen Garten begeistert und konnten es kaum erwarten, es zu ihrem eigenen zu machen.

Mit viel Enthusiasmus und Arbeit begann die Familie mit der Renovierung des Hauses. Peter kümmerte sich um die strukturellen Arbeiten, während Julia und die Kinder sich um die Dekoration und den Garten kümmerten. Es war eine Herausforderung, aber sie arbeiteten hart und hatten Spaß dabei, ihr neues Zuhause zu gestalten.

Nach vielen Wochen harter Arbeit war das Haus endlich fertig renoviert und bereit für den Einzug. Die Familie war überglücklich und konnte es kaum erwarten, in ihr neues Zuhause zu ziehen. Sie packten ihre Sachen zusammen, luden den Möbelwagen und machten sich auf den Weg nach Sonnenblick.

Als sie das Haus betraten, strahlten ihre Gesichter vor Freude. Es war alles, wovon sie geträumt hatten und noch mehr. Die Zimmer waren hell und geräumig, der Garten blühte in voller Pracht, und der Blick auf die umliegenden Berge war einfach atemberaubend. Es war ein Moment des reinen Glücks für die ganze Familie.

In den nächsten Tagen und Wochen machte sich die Familie daran, sich in ihrem neuen Zuhause einzuleben. Sie erkundeten das Dorf, lernten ihre Nachbarn kennen und genossen das ruhige Leben auf dem Land. Jeder Tag brachte neue Entdeckungen und Abenteuer, und die Familie fühlte sich schnell wohl in Sonnenblick.

Doch eines Tages, als Peter im Garten arbeitete, stieß er auf eine alte Truhe, die tief unter der Erde vergraben war. Neugierig öffnete er sie und entdeckte darin eine Reihe von alten Tagebüchern und Briefen. Sie waren von einem früheren Bewohner des Hauses geschrieben worden und erzählten von seinem Leben und seinen Abenteuern.

Peter war fasziniert von den Geschichten und beschloss, sie der Familie vorzulesen. Gemeinsam saßen sie im Wohnzimmer und lauschten den spannenden Erzählungen aus der Vergangenheit. Sie lernten viel über die Geschichte ihres neuen Hauses und die Menschen, die einst dort gelebt hatten.

Als sie die letzten Seiten des letzten Tagebuchs gelesen hatten, war die Familie erfüllt von einem Gefühl der Verbundenheit mit dem Haus und seinen früheren Bewohnern. Sie wussten, dass sie an einem besonderen Ort lebten, der voller Geschichte und Geschichten war.

Von diesem Tag an nannte die Familie das Haus nicht mehr einfach nur "das neue Haus", sondern "unser Zuhause". Es war der Beginn eines neuen Kapitels in ihrem Leben, voller Abenteuer, Freude und unvergesslicher Erinnerungen.

The New House

In a small village named Sunview, there was an old house that had been vacant for many years. The windows were covered in dust, the paint peeled from the walls, and the roof had some holes. It was a sad sight that had long saddened the villagers.

However, one day everything changed when a family decided to renovate the old house and move in. The family consisted of Peter, a friendly father who worked as an architect, his wife Julia, a talented painter, and their two children, Max and Sophie.

The family had been searching for a new home for a long time, and when they discovered the old house in Sunview, they knew immediately that it was the right one for them. They were enchanted by its rustic charm and the idyllic garden, and they couldn't wait to make it their own.

With a lot of enthusiasm and hard work, the family began renovating the house. Peter took care of the structural work, while Julia and the children handled the decoration and the garden. It was a challenge, but they worked hard and had fun making their new home theirs.

After many weeks of hard work, the house was finally renovated and ready for occupancy. The family was overjoyed and couldn't wait to move into their new home. They packed up their belongings, loaded the moving truck, and set off for Sunview.

When they entered the house, their faces beamed with joy. It was everything they had dreamed of and more. The rooms were bright and spacious, the garden was in full bloom, and the view of the surrounding mountains was simply breathtaking. It was a moment of pure happiness for the whole family.

In the following days and weeks, the family set about settling into their new home. They explored the village, got to know their neighbors, and enjoyed the peaceful life in the countryside. Every day brought new discoveries and adventures, and the family quickly felt at home in Sunview.

But one day, as Peter was working in the garden, he stumbled upon an old chest buried deep underground. He opened it curiously and discovered a series of old diaries and letters inside. They had been written by a former resident of the house and told of his life and adventures.

Peter was fascinated by the stories and decided to read them to the family. Together, they sat in the living room and listened to the exciting tales from the past. They learned a lot about the history of their new house and the people who had once lived there.

As they read the last pages of the last diary, the family was filled with a sense of connection to the house and its former residents. They knew they were living in a special place full of history and stories.

From that day on, the family no longer called the house simply "the new house," but "our home." It was the beginning of a new chapter in their lives, full of adventure, joy, and unforgettable memories.

Der Zug nach München

In einem kleinen Dorf namens Sonnenau lebte ein Mann namens Friedrich. Friedrich war ein pensionierter Lehrer, der sein ganzes Leben lang in dem Dorf verbracht hatte. Er war ein freundlicher und geselliger Mensch, der von seinen Nachbarn und Freunden sehr geschätzt wurde.

Eines Tages beschloss Friedrich, eine Reise mit dem Zug nach München zu unternehmen. Er hatte schon lange davon geträumt, die bayerische Hauptstadt zu besuchen und die kulturellen Schätze und Sehenswürdigkeiten der Stadt zu erkunden. Für ihn war es eine Gelegenheit, etwas Neues zu erleben und sein Leben um eine weitere spannende Erfahrung zu bereichern.

Früh am Morgen machte sich Friedrich auf den Weg zum Bahnhof von Sonnenau. Die Sonne schien, und die Vögel zwitscherten fröhlich, als er sein Ticket kaufte und auf den Zug wartete. Er konnte die Aufregung spüren, die ihn erfüllte, als er sich auf das Abenteuer vorbereitete, das ihn erwartete.

Als der Zug einfuhr, stieg Friedrich ein und suchte sich einen gemütlichen Platz am Fenster. Er liebte es, aus dem Zugfenster zu schauen und die vorbeiziehende Landschaft zu beobachten. Es war, als ob er durch ein lebendiges Gemälde reiste, das sich ständig veränderte und neue Eindrücke bot.

Während der Zugfahrt machte Friedrich Bekanntschaft mit seinen Mitreisenden. Er lernte eine junge Familie kennen, die auf dem Weg zu einem Wochenendausflug in die Stadt war, sowie einen älteren Herrn, der auf dem Weg zu einem Treffen mit alten Freunden war. Sie alle teilten ihre Geschichten und Erfahrungen miteinander und genossen die gemeinsame Zeit im Zug.

Nach einigen Stunden erreichte der Zug schließlich die Stadt München. Friedrich stieg aus und atmete tief die frische Luft der Stadt ein. Er konnte die Aufregung spüren, die die pulsierende Energie der Stadt ausstrahlte, und war gespannt darauf, sie zu erkunden.

Sein erster Halt war das berühmte Oktoberfestgelände, wo das größte Volksfest der Welt stattfand. Friedrich schlenderte zwischen den Festzelten und Fahrgeschäften hindurch und genoss die fröhliche Atmosphäre und das bunte Treiben. Es war ein Fest für die Sinne, das ihn mit seiner Lebensfreude und Gastfreundschaft begeisterte.

Von dort aus machte Friedrich einen Spaziergang durch die Altstadt von München und besuchte die historischen Sehenswürdigkeiten der Stadt. Er bewunderte die prächtigen Gebäude und Denkmäler, die Zeugen der reichen Geschichte und Kultur Münchens waren, und genoss es, durch die engen Gassen und Plätze zu schlendern.

Als nächstes besuchte Friedrich das berühmte Deutsches Museum, das größte naturwissenschaftliche Museum der Welt. Er war fasziniert von den interaktiven Ausstellungen und Exponaten, die ihm einen Einblick in die Welt der Wissenschaft und Technik gaben. Es war eine Bildungsreise, die ihn inspirierte und sein Wissen erweiterte.

Nach einem ereignisreichen Tag in München machte sich Friedrich auf den Rückweg zum Bahnhof. Der Zug brachte ihn sicher zurück nach Sonnenau, wo er spät in der Nacht ankam. Müde, aber glücklich, fiel er in sein Bett und träumte von den Abenteuern, die er an diesem Tag erlebt hatte.

The Train to Munich

In a small village called Sonnenau, lived a man named Friedrich. Friedrich was a retired teacher who had spent his entire life in the village. He was a friendly and sociable person, greatly appreciated by his neighbors and friends.

One day, Friedrich decided to take a train trip to Munich. He had long dreamed of visiting the Bavarian capital and exploring the city's cultural treasures and sights. For him, it was an opportunity to experience something new and enrich his life with another exciting adventure.

Early in the morning, Friedrich set off for Sonnenau's train station. The sun was shining, and the birds were chirping cheerfully as he bought his ticket and waited for the train. He could feel the excitement filling him as he prepared for the adventure that awaited him.

As the train arrived, Friedrich boarded and found a comfortable seat by the window. He loved looking out of the train window and watching the passing landscape. It was as if he were traveling through a living painting, constantly changing and offering new impressions.

During the train journey, Friedrich made acquaintances with his fellow travelers. He met a young family on their way to a weekend trip to the city, as well as an older gentleman heading to a meeting with old friends. They all shared their stories and experiences with each other, enjoying the time together on the train.

After several hours, the train finally reached the city of Munich. Friedrich got off and took a deep breath of the city's fresh air. He could feel the excitement radiating from the city's vibrant energy and was eager to explore it.

His first stop was the famous Oktoberfest grounds, where the world's largest folk festival took place. Friedrich strolled between the beer tents and amusement rides, enjoying the lively atmosphere and colorful hustle and bustle. It was a festival for the senses that thrilled him with its zest for life and hospitality.

From there, Friedrich took a walk through Munich's old town and visited the city's historical sights. He admired the magnificent buildings and monuments, witnesses to Munich's rich history and culture, and enjoyed wandering through the narrow streets and squares.

Next, Friedrich visited the famous Deutsches Museum, the largest science museum in the world. He was fascinated by the interactive exhibitions and exhibits that gave him insight into the world of science and technology. It was an educational journey that inspired him and expanded his knowledge.

After a busy day in Munich, Friedrich headed back to the train station. The train safely brought him back to Sonnenau, where he arrived late at night. Tired but happy, he fell into his bed and dreamed of the adventures he had experienced that day.

Ein unerwartetes Erbe

Es war ein kalter Wintermorgen, als Klara zum ersten Mal von ihrem unerwarteten Erbe erfuhr. Sie saß in ihrer kleinen Wohnung und blätterte durch die Post, als sie auf einen Brief stieß, der sie sprachlos machte. Der Umschlag war in einem kräftigen Blau gehalten, mit einer eleganten Handschrift beschriftet. Klara öffnete ihn langsam, ihre Hände zitterten vor Aufregung.

"Sehr geehrte Frau Klara Klein,

es ist uns eine Freude, Ihnen mitteilen zu dürfen, dass Sie ein unerwartetes Erbe von Ihrer entfernten Tante Erna erhalten haben. Bitte kommen Sie am nächsten Montag um 10 Uhr in unser Büro, um die Einzelheiten zu besprechen.

Mit freundlichen Grüßen,

Dr. Friedrich Meier

Rechtsanwalt"

Klaras Herz raste vor Aufregung. Sie hatte keine Ahnung, dass sie eine Tante namens Erna hatte, geschweige denn, dass sie ihr etwas vererbt hätte. Sie versuchte, sich zu beruhigen, während ihr Kopf mit Fragen wirbelte. Wer war Tante Erna? Und was hatte sie ihr hinterlassen?

Am Montagmorgen machte sich Klara nervös auf den Weg zum Büro von Dr. Meier. Das Büro befand sich in einem eleganten Altbau im Zentrum der Stadt. Als sie eintrat, wurde sie von einem freundlichen älteren Herrn begrüßt, der sie zu einem gemütlichen Besprechungsraum führte.

"Frau Klein, bitte nehmen Sie Platz", sagte Dr. Meier und reichte ihr einen Stapel Dokumente. "Zuerst möchte ich Ihnen mein aufrichtiges Beileid zum Verlust Ihrer Tante Erna aussprechen. Sie war eine bemerkenswerte Frau."

Klara nickte dankbar und begann, die Dokumente durchzusehen. Es stellte sich heraus, dass Tante Erna eine wohlhabende Dame gewesen war, die ein großes Anwesen auf dem Land besaß. In ihrem Testament hatte sie Klara als ihre einzige Erbin eingesetzt.

"Ich verstehe das alles nicht", sagte Klara verwirrt. "Ich habe meine Tante nie kennengelernt. Warum hat sie mir das hinterlassen?"

Dr. Meier lächelte geduldig. "Es scheint, dass Ihre Tante Erna keine engen Verwandten hatte und Sie das einzige Familienmitglied waren, das sie hatte. Sie müssen eine besondere Verbindung zueinander gehabt haben, auch wenn Sie sich nie getroffen haben."

Klara war überwältigt von der plötzlichen Verantwortung, die ihr auferlegt wurde. Ein großes Anwesen zu erben war eine Sache, aber sie hatte keine Ahnung, wie sie damit umgehen sollte. Sie beschloss, das Anwesen zu besuchen und sich ein Bild von ihrer neuen Situation zu machen.

Das Anwesen lag malerisch auf dem Land, umgeben von üppigen Wäldern und sanften Hügeln. Als Klara die Einfahrt entlangfuhr, konnte sie kaum glauben, dass all das jetzt ihr gehörte. Sie parkte vor dem imposanten Herrenhaus und stieg aus, um sich umzusehen.

Das Haus war beeindruckend, mit seinen hohen Türmen und gewundenen Treppen. Klara fühlte sich wie in einem Märchenland, das plötzlich Realität geworden war. Sie betrat das Haus und wurde von einem Gefühl der Nostalgie überwältigt. Obwohl sie noch nie hier gewesen war, fühlte es sich seltsam vertraut an.

Während sie das Haus erkundete, stieß Klara auf ein altes Tagebuch, das auf einem verstaubten Regal lag. Neugierig blätterte sie darin und entdeckte die Worte ihrer Tante Erna. Die Seiten waren voll von Erinnerungen und Geschichten aus ihrer Vergangenheit.

Klara las mit wachsender Faszination und erfuhr, dass Tante Erna ein abenteuerliches Leben geführt hatte, voller Liebe, Verlust und unerwarteter Wendungen. Sie hatte die Welt bereist, Freundschaften geschlossen und Herausforderungen gemeistert, von denen Klara nie zu träumen gewagt hätte.

Plötzlich wurde Klara klar, warum Tante Erna ihr das Anwesen hinterlassen hatte. Es war mehr als nur ein materielles Erbe; es war eine Verbindung zu ihrer Vergangenheit, zu den Menschen und Geschichten, die dieses Haus zum Leben erweckt hatten. Klara fühlte sich geehrt, Teil dieser Geschichte zu sein, und beschloss, das Erbe ihrer Tante mit Respekt und Dankbarkeit anzunehmen.

An Unexpected Inheritance

It was a cold winter morning when Klara first learned of her unexpected inheritance. She sat in her small apartment, flipping through the mail when she came across a letter that left her speechless. The envelope was a vibrant blue, adorned with elegant handwriting. Klara opened it slowly, her hands trembling with excitement.

"Dear Mrs. Klara Klein,

It is our pleasure to inform you that you have received an unexpected inheritance from your distant aunt Erna. Please come to our office next Monday at 10 a.m. to discuss the details.

Sincerely,

Dr. Friedrich Meier

Lawyer"

Klara's heart raced with anticipation. She had no idea she had an aunt named Erna, let alone that she had left her something. Trying to calm herself, her mind filled with questions. Who was Aunt Erna? And what had she left Klara?

On Monday morning, Klara nervously made her way to Dr. Meier's office. The office was located in an elegant old building in the city center. As she entered, she was greeted by a friendly older gentleman who led her to a cozy meeting room.

"Mrs. Klein, please take a seat," said Dr. Meier, handing her a stack of documents. "First, allow me to extend my sincere condolences on the loss of your Aunt Erna. She was a remarkable woman."

Gratefully, Klara nodded and began to review the documents. It turned out that Aunt Erna had been a wealthy lady who owned a large estate in the countryside. In her will, she had named Klara as her sole heir.

"I don't understand any of this," said Klara, bewildered. "I never met my Aunt Erna. Why would she leave this to me?"

Dr. Meier smiled patiently. "It seems that your Aunt Erna had no close relatives, and you were the only family member she had. You must have had a special connection, even though you never met."

Overwhelmed by the sudden responsibility thrust upon her, Klara decided to visit the estate and see for herself. The estate was nestled peacefully in the countryside, surrounded by lush forests and rolling hills. As Klara drove up the driveway, she could scarcely believe that all of this now belonged to her. She parked in front of the imposing mansion and stepped out to take in the surroundings.

The house was impressive, with its tall towers and winding staircases. Klara felt like she had stepped into a fairytale that had suddenly become reality. She entered the house and was overwhelmed by a sense of nostalgia. Although she had never been here before, it felt strangely familiar.

As she explored the house, Klara stumbled upon an old diary sitting on a dusty shelf. She flipped through it curiously and discovered the words of her Aunt Erna. The pages were filled with memories and stories from her past.

Klara read with growing fascination, learning that Aunt Erna had led an adventurous life, full of love, loss, and unexpected twists. She had traveled the world, formed friendships, and faced challenges that Klara had never dared to dream of.

Suddenly, Klara understood why Aunt Erna had left her the estate. It was more than just a material inheritance; it was a connection to her past, to the people and stories that had brought this house to life. Klara felt honored to be part of this story and resolved to accept her aunt's inheritance with respect and gratitude.

Die Melodie des Lebens

Es war ein warmer Frühlingsabend in der kleinen Stadt Freudenstadt, als Anna die vertrauten Klänge der Musikschule durch die luftigen Straßen dringen hörte. Sie hielt einen Moment inne und ließ die Melodie des Lebens auf sich wirken. Seit sie denken konnte, hatte die Musikschule, geleitet von dem liebevollen und talentierten Herrn Müller, das Herz der Stadt mit Klängen erfüllt.

Anna, eine lebhafte junge Frau mit einem Herzen voller Träume, fühlte sich schon immer von der Musik angezogen. Sie hatte davon geträumt, selbst ein Instrument zu lernen, doch das Leben hatte ihr bisher andere Wege gewiesen. Als sie nun am Schaufenster der Musikschule vorbeiging und die strahlenden Gesichter der Schüler sah, spürte sie eine Sehnsucht in sich aufkeimen.

"Eines Tages", flüsterte sie sich selbst zu und setzte ihren Weg fort, mit einem neuen Gefühl der Entschlossenheit.

In den nächsten Wochen besuchte Anna regelmäßig die Musikschule, um den Schülern zuzuhören und die Atmosphäre der Kreativität und Freude zu genießen. Sie spürte, wie die Melodie des Lebens sie umhüllte und inspirierte, ihre eigenen Träume zu verfolgen.

Eines Tages wagte Anna den Schritt und trat in das Büro von Herrn Müller ein. Mit zitternder Stimme erklärte sie ihm ihre Sehnsucht, ein Instrument zu lernen und an der Musikschule teilzunehmen. Herr Müller, der die Leidenschaft in Annas Augen sah, lächelte sie warm an und sagte: "Willkommen, Anna. Wir freuen uns, dich in unserer Musikfamilie willkommen zu heißen."

Und so begann Annas Reise in die Welt der Musik. Sie wählte die Violine als ihr Instrument und tauchte voller Begeisterung in den Unterricht ein. Unter Herrn Müllers liebevoller Anleitung lernte sie die

Grundlagen des Spiels und entdeckte die Schönheit und Tiefe der Musik.

Mit jedem Strich des Bogens fühlte Anna, wie die Melodie des Lebens in ihr aufblühte. Die Musik wurde zu ihrem Begleiter in guten und schlechten Zeiten, und sie fand Trost und Hoffnung in den Klängen, die sie erschuf.

Doch Annas Reise war nicht nur von Freude geprägt. Sie stieß auf Hindernisse und Zweifel, die sie manchmal fast zum Aufgeben brachten. Doch jedes Mal, wenn sie kurz davor war, die Violine beiseite zu legen, erinnerte sie sich an die Worte von Herrn Müller: "Die Musik ist eine Reise, nicht nur ein Ziel. Es geht nicht darum, perfekt zu sein, sondern darum, sich selbst auszudrücken und die Schönheit des Lebens zu entdecken."

Mit dieser Ermutigung im Herzen setzte Anna ihre Reise fort, voller Entschlossenheit und Leidenschaft. Sie übte unermüdlich, nahm an Konzerten teil und lernte, ihre Emotionen und Erfahrungen durch die Musik auszudrücken.

Schließlich kam der Tag, an dem Anna die Gelegenheit bekam, vor einem Publikum zu spielen. Sie stand auf der Bühne des örtlichen Konzertsaals, das warme Licht der Scheinwerfer auf ihr Gesicht gerichtet, und hielt ihre Violine fest in den Händen. Ihr Herz pochte vor Aufregung, aber als sie den Bogen über die Saiten führte, spürte sie eine tiefe Ruhe in sich aufsteigen.

Die Melodie, die sie spielte, war keine einfache Abfolge von Noten, sondern ein Ausdruck ihres Lebens, ihrer Träume und Hoffnungen. Sie spielte mit ganzem Herzen, und als der letzte Ton verklang, füllte ein warmes Gefühl der Zufriedenheit ihren Körper.

Das Publikum erhob sich zu einem stürmischen Applaus, und Anna lächelte, als Tränen der Freude ihre Augen füllten. Sie hatte es geschafft. Sie hatte die Melodie des Lebens gefunden und sie mit der Welt geteilt.

The Melody of Life

It was a warm spring evening in the small town of Freudenstadt when Anna heard the familiar sounds of the music school drifting through the airy streets. She paused for a moment, letting the melody of life wash over her. Since she could remember, the music school, led by the loving and talented Mr. Müller, had filled the heart of the town with sounds.

Anna, a lively young woman with a heart full of dreams, had always been drawn to music. She had dreamed of learning to play an instrument herself, but life had taken her on different paths so far. As she passed by the window of the music school and saw the radiant faces of the students, she felt a longing well up inside her.

"One day," she whispered to herself, continuing on her way with a new sense of determination.

In the following weeks, Anna regularly visited the music school to listen to the students and to enjoy the atmosphere of creativity and joy. She felt the melody of life enveloping her and inspiring her to pursue her own dreams.

One day, Anna took the step and entered Mr. Müller's office. With a trembling voice, she explained her longing to learn an instrument and to participate in the music school. Mr. Müller, seeing the passion in Anna's eyes, smiled warmly at her and said, "Welcome, Anna. We are pleased to welcome you to our musical family."

And so began Anna's journey into the world of music. She chose the violin as her instrument and dove into the lessons with enthusiasm. Under Mr. Müller's loving guidance, she learned the basics of playing and discovered the beauty and depth of music.

With each stroke of the bow, Anna felt the melody of life blossoming within her. Music became her companion in good times and bad, and she found comfort and hope in the sounds she created.

But Anna's journey was not only marked by joy. She encountered obstacles and doubts that sometimes almost led her to give up. Yet every time she was on the verge of setting the violin aside, she remembered Mr. Müller's words: "Music is a journey, not just a destination. It's not about being perfect, but about expressing yourself and discovering the beauty of life."

With this encouragement in her heart, Anna continued her journey, full of determination and passion. She practiced tirelessly, participated in concerts, and learned to express her emotions and experiences through music.

Finally, the day came when Anna had the opportunity to perform in front of an audience. She stood on the stage of the local concert hall, the warm light of the spotlights shining on her face, holding her violin firmly in her hands. Her heart pounded with excitement, but as she drew the bow across the strings, she felt a deep sense of calm rising within her.

The melody she played was not just a simple sequence of notes, but an expression of her life, her dreams, and hopes. She played with her whole heart, and as the final note faded away, a warm feeling of satisfaction filled her body.

The audience rose to a thunderous applause, and Anna smiled as tears of joy filled her eyes. She had done it. She had found the melody of life and shared it with the world.

Die Katzen von Hamburg

In der malerischen Hansestadt Hamburg, wo die Elbe ruhig vorbeifließt und die roten Backsteinfassaden der alten Gebäude die Straßen säumen, gibt es eine verborgene Gemeinschaft, die nur wenigen bekannt ist - die Katzen von Hamburg.

Diese Katzen, von denen es heißt, sie seien die wahren Herrscher der Stadt, leben in den Gassen und Hinterhöfen, versteckt vor den Augen der Menschen. Sie haben ihre eigenen Gesetze und Geheimnisse, die nur denen bekannt sind, die sich die Zeit nehmen, sie zu beobachten und zu verstehen.

Eine dieser Katzen ist Felix, ein großer, grauer Kater mit leuchtenden grünen Augen und einem stolzen, würdevollen Gang. Felix ist bekannt für seine Weisheit und sein Geschick im Umgang mit den Menschen. Er kennt jede Gasse und jeden Winkel der Stadt und weiß, wie man sich in der hektischen Welt der Menschen zurechtfindet.

Eines Tages, als Felix durch die engen Gassen von Hamburg schlenderte, stieß er auf eine Gruppe von jungen Katzen, die aufgeregt um eine Mülltonne herumtollten. Neugierig trat er näher und sah, dass sie ein Stück frisch gefangenen Fisch gefunden hatten, das ein Nachbar aus Versehen hatte fallen lassen.

"Was haben wir hier?" miaute Felix, als er sich der Gruppe näherte.

"Ein Festmahl, Felix!" riefen die jungen Katzen begeistert. "Komm und schließ dich uns an!"

Felix lächelte amüsiert und gesellte sich zu ihnen. Während sie den Fisch genossen, begannen sie, über das Leben in der Stadt zu plaudern und sich Geschichten auszutauschen. Sie sprachen über ihre Lieblingsplätze zum Sonnenbaden, über die besten Verstecke für ein Nickerchen und über die seltsamen Bräuche der Menschen, die sie beobachtet hatten.

Plötzlich wurde die fröhliche Atmosphäre unterbrochen, als eine Gruppe streunender Hunde die Gasse entlang kam. Die Katzen erstarrten vor Schreck, denn jeder wusste, dass die Hunde die größten Feinde der Katzen von Hamburg waren.

"Felix, was sollen wir tun?" fragte eine der jungen Katzen ängstlich.

Felix blieb ruhig und überlegte einen Moment. Dann sagte er mit fester Stimme: "Wir werden uns verteidigen, wie wir es immer getan haben. Zusammen sind wir stark."

Mit einem entschlossenen Miauen stellten sich die Katzen den Hunden entgegen, bereit, für ihr Territorium zu kämpfen. Es entwickelte sich ein wildes Gefecht, bei dem die Katzen ihre Krallen blitzschnell einsetzten und die Hunde mit List und Geschick abwehrten.

Schließlich gelang es den Katzen, die Hunde zu vertreiben, und sie blieben siegreich in der Gasse zurück. Erschöpft, aber stolz auf ihren Sieg, feierten sie mit einem triumphierenden Miauen und begannen, die Spuren des Kampfes zu beseitigen.

Als die Sonne langsam unterging und der Himmel sich in warme Farben hüllte, kehrte Felix nach Hause zurück, zufrieden mit dem Tag.

The Cats of Hamburg

In the picturesque Hanseatic city of Hamburg, where the Elbe river flows calmly and the red brick facades of old buildings line the streets, there is a hidden community known to only a few - the Cats of Hamburg.

These cats, said to be the true rulers of the city, live in the alleys and courtyards, hidden from the eyes of humans. They have their own laws and secrets known only to those who take the time to observe and understand them.

One of these cats is Felix, a large, gray tomcat with bright green eyes and a proud, dignified stride. Felix is known for his wisdom and skill in dealing with humans. He knows every alley and corner of the city and knows how to navigate in the hectic world of humans.

One day, as Felix strolled through the narrow streets of Hamburg, he came across a group of young cats frolicking excitedly around a trash can. He approached curiously and saw that they had found a piece of freshly caught fish that a neighbor had accidentally dropped.

"What do we have here?" Felix meowed as he approached the group.

"A feast, Felix!" exclaimed the young cats excitedly. "Come and join us!"

Felix smiled amusedly and joined them. As they enjoyed the fish, they began to chat about life in the city and exchange stories. They talked about their favorite sunbathing spots, the best hiding places for a nap, and the strange customs of humans they had observed.

Suddenly, the cheerful atmosphere was interrupted as a group of stray dogs came down the alley. The cats froze in fear, for everyone knew that the dogs were the greatest enemies of the Cats of Hamburg.

"Felix, what should we do?" asked one of the young cats anxiously.

Felix remained calm and thought for a moment. Then he said firmly, "We will defend ourselves as we always have. Together we are strong."

With a determined meow, the cats faced off against the dogs, ready to fight for their territory. A wild battle ensued, with the cats using their claws swiftly and warding off the dogs with cunning and skill.

Eventually, the cats managed to drive away the dogs, and they remained victorious in the alley. Exhausted but proud of their victory, they celebrated with a triumphant meow and began to clean up the traces of the battle.

As the sun slowly set and the sky bathed in warm colors, Felix returned home, satisfied with the day.

Die kleinen Freuden des Alltags

In einem verschlafenen Vorort von München lebte ein Mann namens Klaus, dessen Leben von einer scheinbar endlosen Routine geprägt war. Jeden Morgen stand er um sieben Uhr auf, trank seinen Kaffee, las die Zeitung und machte sich dann auf den Weg zur Arbeit. Sein Bürojob war zwar nicht besonders aufregend, aber er brachte Klaus ein bescheidenes Einkommen und eine gewisse Sicherheit.

Trotzdem sehnte sich Klaus manchmal nach mehr, nach etwas, das sein Leben mit Freude und Abenteuer erfüllen würde. Doch in der monotonen Routine des Alltags schien es kaum Platz für solche Träume zu geben.

Eines Tages jedoch, als Klaus auf dem Weg zur Arbeit war, entdeckte er etwas Ungewöhnliches am Straßenrand - einen kleinen Blumenladen, der ihm zuvor nie aufgefallen war. Neugierig trat er ein und wurde sofort von einem Meer aus bunten Blumen und einem angenehmen Duft begrüßt.

"Willkommen, mein Freund", sagte eine freundliche Stimme hinter dem Ladentisch. "Wie kann ich Ihnen helfen?"

Klaus lächelte überrascht und begann, sich umzusehen. Er war schon lange nicht mehr in einem Blumenladen gewesen und genoss die fröhliche Atmosphäre. Als er die vielen verschiedenen Blumen sah, fühlte er, wie seine Stimmung sich langsam aufhellte.

"Ich hätte gerne einen Strauß roter Rosen", sagte Klaus schließlich und wählte sorgfältig die schönsten Blüten aus.

Der Blumenhändler lächelte und band den Strauß liebevoll zusammen. "Eine ausgezeichnete Wahl, mein Freund. Die kleinen Freuden des Lebens sind oft die schönsten."

Klaus bedankte sich und verließ den Laden mit einem Lächeln auf den Lippen. Die roten Rosen dufteten herrlich, und er fühlte sich plötzlich leichter und fröhlicher als zuvor. Es war, als hätte der Besuch im Blumenladen eine verborgene Tür zu einer Welt voller Freude und Schönheit geöffnet.

Auf dem Weg zur Arbeit bemerkte Klaus plötzlich all die kleinen Dinge um sich herum, die er zuvor nie richtig wahrgenommen hatte - das Lächeln eines Fremden, der Duft von frisch gebackenem Brot, das Zwitschern der Vögel im Park. Er erkannte, dass das Leben voller kleiner Freuden war, die nur darauf warteten, entdeckt zu werden.

In den folgenden Tagen und Wochen nahm Klaus sich Zeit, um die kleinen Freuden des Alltags zu genießen. Er begann, öfter im Blumenladen vorbeizuschauen und sich an der Schönheit der Blumen zu erfreuen. Er nahm sich Zeit für Spaziergänge im Park, um die Natur zu genießen, und lud Freunde zu gemütlichen Abenden ein, um gemeinsam zu lachen und zu plaudern.

Mit jedem Tag, der verging, fand Klaus mehr Freude und Zufriedenheit in seinem Leben. Er erkannte, dass Glück nicht in großen Ereignissen oder materiellem Besitz lag, sondern in den kleinen Momenten des Alltags, die das Leben so besonders machten.

Eines Tages, als Klaus wieder einmal im Blumenladen war, traf er auf eine ältere Dame, die ebenfalls einen Strauß Blumen aussuchte. Sie kam ins Gespräch, und Klaus erfuhr, dass ihr Mann vor kurzem gestorben war und sie sich einsam und traurig fühlte.

"Oh, mein Freund, ich verstehe Ihre Trauer", sagte Klaus mitfühlend. "Aber lassen Sie uns nicht vergessen, dass das Leben auch in dunklen Zeiten voller Schönheit und Freude sein kann. Schauen Sie sich nur um - die Welt ist voller kleiner Wunder, die darauf warten, entdeckt zu werden."

Die ältere Dame lächelte dankbar und drückte Klaus' Hand. "Danke, junger Mann. Sie haben recht. Es sind die kleinen Freuden des Alltags, die uns am Ende durchhalten lassen."

Klaus lächelte zurück und verließ den Blumenladen mit einem warmen Gefühl im Herzen. Er wusste, dass er vielleicht kein abenteuerliches

Leben führte, aber er hatte gelernt, dass Glück überall zu finden war, wenn man nur bereit war, danach zu suchen.

Und so endet die Geschichte von Klaus und den kleinen Freuden des Alltags, die ihn gelehrt haben, dass das Leben voller Schönheit und Magie ist, wenn man nur die Augen öffnet und die Welt um sich herum genießt.

The Small Joys of Everyday Life

In a sleepy suburb of Munich lived a man named Klaus, whose life was characterized by a seemingly endless routine. Every morning, he would wake up at seven o'clock, drink his coffee, read the newspaper, and then make his way to work. His office job was not particularly exciting, but it provided Klaus with a modest income and a certain sense of security.

However, Klaus sometimes longed for more, for something that would fill his life with joy and adventure. Yet in the monotonous routine of everyday life, there seemed to be hardly any space for such dreams.

One day, however, as Klaus was on his way to work, he discovered something unusual at the roadside - a small flower shop that he had never noticed before. He entered curiously and was immediately greeted by a sea of colorful flowers and a pleasant scent.

"Welcome, my friend," said a friendly voice behind the counter. "How can I help you?"

Klaus smiled in surprise and began to look around. It had been a long time since he had been in a flower shop, and he enjoyed the cheerful atmosphere. As he saw the many different flowers, he felt his mood slowly lifting.

"I would like a bouquet of red roses," Klaus said finally, carefully selecting the most beautiful blooms.

The florist smiled and lovingly tied the bouquet together. "An excellent choice, my friend. The small joys of life are often the most beautiful."

Klaus thanked him and left the shop with a smile on his face. The red roses smelled wonderful, and he suddenly felt lighter and happier than before. It was as if the visit to the flower shop had opened a hidden door to a world full of joy and beauty.

On the way to work, Klaus suddenly noticed all the little things around him that he had never really noticed before - the smile of a stranger, the smell of freshly baked bread, the chirping of birds in the park. He realized that life was full of small joys waiting to be discovered.

In the following days and weeks, Klaus took time to enjoy the small joys of everyday life. He began to visit the flower shop more often and to delight in the beauty of the flowers. He took time for walks in the park to enjoy nature, and he invited friends for cozy evenings to laugh and chat together.

With each passing day, Klaus found more joy and contentment in his life. He realized that happiness did not lie in big events or material possessions, but in the small moments of everyday life that made life so special.

One day, as Klaus was once again in the flower shop, he met an elderly lady who was also choosing a bouquet of flowers. They struck up a conversation, and Klaus learned that her husband had recently passed away and she felt lonely and sad.

"Oh, my friend, I understand your grief," Klaus said sympathetically. "But let us not forget that life can also be full of beauty and joy even in dark times. Just look around - the world is full of little wonders waiting to be discovered."

The elderly lady smiled gratefully and squeezed Klaus' hand. "Thank you, young man. You are right. It is the small joys of everyday life that ultimately keep us going."

Klaus smiled back and left the flower shop with a warm feeling in his heart. He knew that he might not lead an adventurous life, but he had learned that happiness could be found everywhere if one was willing to look for it.

And so ends the story of Klaus and the small joys of everyday life, which taught him that life is full of beauty and magic if only one opens one's eyes and enjoys the world around them.

Die Schatzkammer der Erinnerungen

In einem kleinen Dorf am Rande des Schwarzwaldes lebte eine Frau namens Lena, deren Leben von einer besonderen Leidenschaft geprägt war - der Fotografie. Seit ihrer Kindheit hatte Lena eine starke Bindung zur Kamera und liebte es, die Welt durch ihr Objektiv zu betrachten.

Jeden Tag zog Lena mit ihrer Kamera durch die malerischen Straßen des Dorfes, auf der Suche nach dem perfekten Motiv. Sie fotografierte die alten Fachwerkhäuser, die blühenden Gärten und die freundlichen Gesichter der Dorfbewohner. Für Lena waren ihre Fotos nicht nur Bilder, sondern lebendige Erinnerungen, die die Schönheit und den Zauber des Lebens festhielten.

Eines Tages, als Lena durch den Wald spazierte, entdeckte sie eine versteckte Lichtung, die von einem sanften Sonnenstrahl beleuchtet wurde. Die Szene war so atemberaubend schön, dass Lena sofort ihre Kamera zückte und begann, das idyllische Bild festzuhalten.

Plötzlich hörte sie ein leises Rascheln hinter sich. Sie drehte sich um und sah einen älteren Mann, der auf einer Bank saß und sie beobachtete. Er lächelte freundlich und winkte sie zu sich.

"Lena, nicht wahr?" sagte der Mann mit einem warmen Lächeln. "Ich habe dich oft durch das Dorf streifen sehen, deine Kamera immer bereit. Du bist eine begabte Fotografin."

Lena war überrascht, dass der Mann sie kannte, aber sie lächelte zurück und setzte sich zu ihm auf die Bank. Sie unterhielten sich über die Schönheit des Waldes und die Magie der Fotografie, und Lena spürte, dass sie eine besondere Verbindung zu diesem Fremden hatte.

"Mein Name ist Herr Müller", sagte der Mann schließlich. "Ich habe gehört, dass du eine Leidenschaft für Fotografie hast, genau wie ich. Ich habe sogar eine kleine Sammlung von alten Fotografien zu Hause, die ich über die Jahre gesammelt habe."

Lena war neugierig und fragte: "Worum geht es bei diesen Fotografien, Herr Müller?"

Der Mann lächelte geheimnisvoll. "In meiner Sammlung gibt es viele Geschichten, aber vor allem erzählen sie von den Menschen und Ereignissen, die das Dorf im Laufe der Jahre geprägt haben. Es sind Erinnerungen, die ich sorgfältig bewahrt habe, wie kostbare Schätze in einer Schatzkammer."

Lena war fasziniert von den Worten des Mannes und spürte eine Sehnsucht, mehr über diese verborgenen Schätze der Erinnerungen zu erfahren. Sie fragte, ob sie sie sehen könne, und Herr Müller lächelte zustimmend.

Zurück in Herrn Müllers Haus, führte er Lena in ein kleines Zimmer, das vollgestopft war mit alten Fotoalben, Kameras und anderen Fotografieutensilien. Lena fühlte sich wie in einem Museum der Vergangenheit und konnte es kaum erwarten, die Geschichten hinter den Fotos zu entdecken.

Herr Müller begann, ihr die Alben zu zeigen und die Geschichten dahinter zu erzählen. Er erzählte von den Menschen, die das Dorf einst bewohnten, von ihren Träumen und Hoffnungen, ihren Freuden und Leiden. Lena lauschte gebannt und betrachtete die Fotos, die lebendige Zeugnisse vergangener Zeiten waren.

Als sie das letzte Album durchgeblättert hatten, spürte Lena eine tiefe Dankbarkeit in sich aufsteigen. Sie erkannte, dass die Fotografie nicht nur dazu diente, die äußere Welt festzuhalten, sondern auch die inneren Schätze der Erinnerungen zu bewahren.

"Herr Müller, ich danke Ihnen von Herzen, dass Sie mir Ihre Schatzkammer der Erinnerungen gezeigt haben", sagte Lena gerührt. "Ich habe so viel über das Leben und die Menschen gelernt, die das Dorf geprägt haben. Diese Erinnerungen sind wie ein Schatz, den ich für immer in meinem Herzen tragen werde."

Herr Müller lächelte und drückte Lenas Hand. "Die Fotografie hat die wunderbare Kraft, uns zu verbinden und uns die Schönheit und Tiefe des Lebens zu zeigen. Ich bin dankbar, dass ich meine Leidenschaft mit einem so talentierten jungen Menschen wie dir teilen konnte."

Mit einem warmen Gefühl der Verbundenheit verabschiedete sich Lena von Herrn Müller und machte sich auf den Heimweg. Sie wusste, dass sie nun nicht nur die äußere Welt durch ihr Objektiv betrachten würde, sondern auch die inneren Schätze der Erinnerungen, die das Leben so kostbar machen.

The Treasure Trove of Memories

In a small village on the edge of the Black Forest lived a woman named Lena, whose life was characterized by a special passion - photography. Since her childhood, Lena had a strong connection to her camera and loved to view the world through its lens.

Every day, Lena wandered through the picturesque streets of the village with her camera, searching for the perfect subject. She photographed the old half-timbered houses, the blooming gardens, and the friendly faces of the villagers. For Lena, her photos were not just images but living memories that captured the beauty and magic of life.

One day, as Lena walked through the forest, she discovered a hidden clearing illuminated by a gentle sunbeam. The scene was so breathtakingly beautiful that Lena immediately pulled out her camera and began to capture the idyllic image.

Suddenly, she heard a soft rustling behind her. She turned around and saw an older man sitting on a bench, watching her. He smiled kindly and waved her over.

"Lena, isn't it?" said the man with a warm smile. "I've seen you wandering through the village often, your camera always ready. You're a talented photographer."

Lena was surprised that the man knew her, but she smiled back and sat down beside him on the bench. They talked about the beauty of the forest and the magic of photography, and Lena felt a special connection to this stranger.

"My name is Mr. Müller," the man said finally. "I've heard that you have a passion for photography, just like me. I even have a small collection of old photographs at home that I've gathered over the years."

Lena was curious and asked, "What are these photographs about, Mr. Müller?"

The man smiled mysteriously. "In my collection, there are many stories, but above all, they tell of the people and events that have shaped the village over the years. They are memories that I have carefully preserved, like precious treasures in a treasure trove."

Lena was fascinated by the man's words and felt a longing to learn more about these hidden treasures of memories. She asked if she could see them, and Mr. Müller smiled approvingly.

Back at Mr. Müller's house, he led Lena into a small room filled with old photo albums, cameras, and other photography paraphernalia. Lena felt like she was in a museum of the past and couldn't wait to discover the stories behind the photos.

Mr. Müller began to show her the albums and tell the stories behind them. He told of the people who once inhabited the village, of their dreams and hopes, their joys and sorrows. Lena listened, captivated and looked at the photos, which were vivid testimonies of times gone by.

As they flipped through the last album, Lena felt a deep gratitude welling up inside her. She realized that photography not only served to capture the external world but also to preserve the inner treasures of memories.

"Mr. Müller, I thank you from the bottom of my heart for showing me your treasure trove of memories," Lena said, touched. "I have learned so much about life and the people who have shaped the village. These memories are like a treasure that I will carry in my heart forever."

Mr. Müller smiled and squeezed Lena's hand. "Photography has the wonderful power to connect us and to show us the beauty and depth of life. I am grateful that I could share my passion with such a talented young person like you."

With a warm feeling of connection, Lena said goodbye to Mr. Müller and set off for home. She knew that from now on, she would not only view the external world through her lens but also the inner treasures of memories that make life so precious.

Ein Tag im Leben einer kleinen Stadt

Es war ein strahlender Morgen in der kleinen Stadt Himmelstadt, als die ersten Sonnenstrahlen über den roten Dächern der Häuser auftauchten und die Straßen langsam zum Leben erwachten. In den gemütlichen Cafés brühten die Baristas frischen Kaffee, während die Bäckereien ihre duftenden Backwaren aus dem Ofen holten. Die Menschen gingen eilig zur Arbeit oder flanierten entspannt durch die Gassen, grüßten sich freundlich und tauschten Neuigkeiten aus.

Unter ihnen war auch Maria, eine junge Frau, deren Herz voller Träume und Hoffnungen war. Sie arbeitete als Bibliothekarin in der örtlichen Bücherei und liebte es, zwischen den Regalen voller Bücher zu wandeln und die Geschichten der Welt zu entdecken. Für Maria war die Bücherei mehr als nur ein Ort der Wissensvermittlung - sie war ein Ort der Inspiration und der Zuflucht, an dem sie sich geborgen fühlte.

An diesem besonderen Tag hatte Maria eine besondere Aufgabe: Die Vorbereitung des jährlichen Bücherfests, das die ganze Stadt zusammenbrachte, um die Liebe zur Literatur zu feiern. Mit einem Lächeln auf den Lippen machte sie sich an die Arbeit, die Bücherregale zu schmücken, Schilder zu malen und die letzten Vorbereitungen zu treffen.

Währenddessen wanderte Herr Schmidt, der pensionierte Lehrer, durch die Straßen der Stadt. Jeden Morgen machte er einen Spaziergang durch den Park, wo er die frische Luft genoss und über das Leben nachdachte. Für Herrn Schmidt war jeder Tag eine neue Gelegenheit, die Schönheit der Welt zu entdecken und die kleinen Wunder des Lebens zu schätzen.

Als er am Brunnen im Park ankam, setzte er sich auf die Bank und zog ein altes Buch aus seiner Tasche. Er begann zu lesen, vertieft in die Geschichten vergangener Zeiten, die in den Seiten des Buches lebendig wurden. Für Herrn Schmidt war das Lesen nicht nur eine Unterhaltung, sondern eine Reise durch die Zeit und die Gedanken anderer Menschen. Währenddessen bereitete Frau Müller, die Besitzerin des kleinen Lebensmittelladens am Marktplatz, ihre frischen Produkte für den Tag vor. Sie ordnete die Obst- und Gemüsestände liebevoll an und sorgte dafür, dass alles für ihre Kunden bereit war. Für Frau Müller war ihr Laden nicht nur ein Geschäft, sondern ein Treffpunkt für die Bewohner der Stadt, an dem sie sich austauschten und gemeinsam das Leben genossen.

In der nahe gelegenen Schule bereiteten sich die Schüler auf einen besonderen Tag vor - den jährlichen Talentwettbewerb. Die Klassenzimmer waren voller Aufregung und Vorfreude, als die Schüler ihre Beiträge probten und sich gegenseitig unterstützten. Für sie war der Talentwettbewerb nicht nur eine Gelegenheit, ihre Fähigkeiten zu zeigen, sondern auch eine Möglichkeit, zusammenzukommen und eine Gemeinschaft zu bilden.

Währenddessen trafen sich die älteren Bewohner der Stadt im Seniorenclub, wo sie gemeinsam Kaffee tranken und über alte Zeiten plauderten. Sie erinnerten sich an vergangene Tage, an Freundschaften und Abenteuer, und genossen die Gesellschaft der anderen. Für sie war der Seniorenclub nicht nur ein Ort der Begegnung, sondern auch ein Ort der Geborgenheit und des Zusammenhalts.

So verging der Tag in der kleinen Stadt Himmelstadt, geprägt von den kleinen Freuden des Lebens und den Begegnungen der Menschen.

A Day in the Life of a Small Town

It was a radiant morning in the small town of Himmelstadt, as the first rays of sunlight appeared over the red roofs of the houses, slowly awakening the streets to life. In the cozy cafes, baristas brewed fresh coffee, while bakeries retrieved their fragrant pastries from the oven. People hurried to work or strolled leisurely through the streets, greeting each other warmly and exchanging news.

Among them was Maria, a young woman whose heart was filled with dreams and hopes. She worked as a librarian in the local library and loved to wander among the shelves full of books, discovering the stories of the world. For Maria, the library was more than just a place of knowledge - it was a source of inspiration and refuge where she felt safe.

On this special day, Maria had a special task: preparing for the annual Book Festival, which brought the entire town together to celebrate their love for literature. With a smile on her face, she set to work, adorning the bookshelves, painting signs, and making the final preparations.

Meanwhile, Mr. Schmidt, the retired teacher, wandered through the town's streets. Every morning, he took a walk through the park, where he enjoyed the fresh air and contemplated life. For Mr. Schmidt, every day was a new opportunity to discover the beauty of the world and appreciate the small wonders of life.

When he arrived at the fountain in the park, he sat down on the bench and pulled out an old book from his bag. He began to read, engrossed in the stories of times past that came alive in the pages of the book. For Mr. Schmidt, reading was not just entertainment, but a journey through time and the thoughts of others.

Meanwhile, Mrs. Müller, the owner of the small grocery store in the marketplace, prepared her fresh products for the day. She lovingly arranged the fruit and vegetable stands and made sure everything was ready for her customers. For Mrs. Müller, her store was not just a business but a meeting place for the town's residents, where they exchanged stories and enjoyed life together.

In the nearby school, the students were preparing for a special day - the annual talent show. The classrooms were filled with excitement and anticipation as the students rehearsed their performances and supported each other. For them, the talent show was not just an opportunity to showcase their skills but also a chance to come together and form a community.

Meanwhile, the older residents of the town gathered at the senior center, where they enjoyed coffee together and reminisced about old times. They recalled days gone by, friendships, and adventures, and enjoyed each other's company. For them, the senior center was not just a meeting place but also a place of comfort and solidarity.

So the day passed in the small town of Himmelstadt, marked by the small joys of life and the encounters of its people.

Mitternacht im Apfelbaum

In einem kleinen Dorf namens Apfeldorf, das von endlosen Apfelplantagen umgeben war, lebte ein junger Mann namens Lukas. Lukas war Gärtner von Beruf und verbrachte seine Tage damit, die Apfelbäume zu pflegen und die köstlichen Früchte zu ernten. Doch trotz seiner Liebe zur Natur und seiner Arbeit sehnte sich Lukas manchmal nach etwas mehr Abenteuer und Aufregung in seinem Leben.

Eines Abends, als die Sterne am Himmel leuchteten und der Mond über den Apfelbäumen thronte, beschloss Lukas, einen Spaziergang durch die Plantagen zu machen. Er liebte es, die ruhige Schönheit der Nacht zu genießen und den leisen Gesang der Grillen zu lauschen, während er durch die schattigen Alleen schlenderte.

Plötzlich hörte er ein leises Rascheln in den Zweigen eines Apfelbaums. Verwundert blieb er stehen und lauschte gespannt. Zu seiner Überraschung sah er eine Gestalt, die in den Ästen kletterte und behände von Ast zu Ast sprang. Es war eine junge Frau mit wilden Locken und einem leuchtenden Lächeln im Gesicht.

"Liebe Grüße vom Mond", rief die junge Frau fröhlich herunter. "Ich bin Luna, die Hüterin der Apfelbäume."

Lukas war fasziniert von der Erscheinung der geheimnisvollen Luna. Er hatte noch nie zuvor von einer Hüterin der Apfelbäume gehört und war neugierig, mehr über sie zu erfahren. Vorsichtig näherte er sich dem Baum und fragte: "Was macht eine Hüterin der Apfelbäume mitten in der Nacht in den Baumwipfeln?"

Luna lächelte geheimnisvoll und ließ sich geschickt auf einen Ast sinken, um Lukas näher zu kommen. "Die Apfelbäume sind meine Freunde und meine Familie", erklärte sie. "Ich kümmere mich um sie und beschütze sie vor allem, was ihnen schaden könnte - sei es Wind und Wetter oder unliebsame Gäste."

Lukas war beeindruckt von Lunas Hingabe und Leidenschaft für die Apfelbäume. Er spürte eine tiefe Verbundenheit zu ihr und zu den Pflanzen, die ihr so am Herzen lagen. Gemeinsam verbrachten sie die Nacht in den Ästen des Apfelbaums, plauderten über das Leben und die Natur und genossen die Ruhe und Schönheit der Nacht.

Als die ersten zarten Strahlen der Morgendämmerung den Himmel erhellten, wusste Lukas, dass er eine unvergessliche Nacht erlebt hatte. Er verabschiedete sich von Luna und versprach, sie bald wiederzusehen. Mit einem leichten Herzen machte er sich auf den Heimweg, erfüllt von neuen Eindrücken und Erlebnissen.

In den folgenden Tagen und Wochen besuchte Lukas immer wieder die Apfelplantagen und hoffte, Luna wiederzusehen. Doch sie blieb verschwunden, als wäre sie nur eine Figur seiner Phantasie gewesen.

Midnight in the Apple Tree

In a small village called Appleville, surrounded by endless apple orchards, lived a young man named Lukas. Lukas was a gardener by profession, spending his days caring for the apple trees and harvesting the delicious fruits. Yet despite his love for nature and his work, Lukas sometimes yearned for a bit more adventure and excitement in his life.

One evening, as the stars twinkled in the sky and the moon hung over the apple trees, Lukas decided to take a stroll through the orchards. He loved to enjoy the quiet beauty of the night and listen to the gentle chorus of crickets as he wandered through the shadowy alleys.

Suddenly, he heard a soft rustling in the branches of an apple tree. Intrigued, he stopped and listened intently. To his surprise, he saw a figure climbing among the branches and leaping agilely from limb to limb. It was a young woman with wild curls and a radiant smile on her face.

"Greetings from the moon," the young woman called down cheerfully. "I am Luna, the guardian of the apple trees."

Lukas was fascinated by the appearance of the mysterious Luna. He had never heard of a guardian of the apple trees before and was curious to learn more about her. Carefully, he approached the tree and asked, "What is a guardian of the apple trees doing in the tree canopy in the middle of the night?"

Luna smiled mysteriously and skillfully lowered herself onto a branch to get closer to Lukas. "The apple trees are my friends and my family," she explained. "I take care of them and protect them from anything that could harm them - be it wind and weather or unwelcome guests."

Lukas was impressed by Luna's dedication and passion for the apple trees. He felt a deep connection to her and to the plants that were so dear to her heart. Together, they spent the night in the branches of the apple tree, chatting about life and nature, and enjoying the peace and beauty of the night.

As the first faint rays of dawn illuminated the sky, Lukas knew that he had experienced an unforgettable night. He bid farewell to Luna, promising to see her again soon. With a light heart, he made his way home, filled with new impressions and experiences.

In the following days and weeks, Lukas visited the apple orchards again and hoped to see Luna once more. Yet she remained elusive, as if she had been a figment of his imagination.

Professor Frisch und die geheime Erfindung

In den malerischen Straßen von Wien lebte ein exzentrischer alter Herr namens Professor Heinrich Frisch. Professor Frisch war ein brillanter Erfinder und Wissenschaftler, dessen unkonventionelle Ideen und Erfindungen in der ganzen Stadt bekannt waren. Doch trotz seines Ruhms und seiner Erfolge führte er ein bescheidenes Leben in einem kleinen Haus am Stadtrand, wo er in seinem Laboratorium an neuen Erfindungen tüftelte.

Eines Tages, als Professor Frisch gerade in seinem Laboratorium arbeitete, hörte er ein Klopfen an der Tür. Verwundert legte er seine Arbeit beiseite und öffnete die Tür, um einen jungen Mann namens Max zu sehen, der ihm aufgeregt entgegentrat.

"Professor Frisch, ich brauche Ihre Hilfe", sagte Max atemlos. "Mein Großvater hat mir einen alten Brief hinterlassen, in dem er von einer geheimen Erfindung spricht, die er einst mit Ihnen entwickelt hat. Ich habe keine Ahnung, was es ist, aber ich glaube, dass es die Lösung für all unsere Probleme sein könnte."

Professor Frisch betrachtete den jungen Mann skeptisch, doch dann erkannte er den Ernst in seinen Augen und spürte eine Aufregung, die auch ihm nicht fremd war. Er nickte langsam und bat Max hereinzukommen.

Gemeinsam setzten sie sich an den Tisch, wo Max den alten Brief seines Großvaters aus der Tasche zog und ihn Professor Frisch übergab. Der Professor nahm den Brief und begann zu lesen, seine Stirn in tiefe Falten gelegt.

Liebster Max,

Wenn du diesen Brief liest, bin ich bereits nicht mehr unter euch. Doch ich habe dir etwas Wichtiges zu hinterlassen, etwas, das die Welt verändern könnte. Vor vielen Jahren, als ich noch ein junger Mann war, arbeitete ich mit Professor Heinrich Frisch an einer geheimen Erfindung, die das Potenzial hatte, das Leben der Menschen für immer zu verändern. Doch aus Gründen, die ich dir in diesem Brief nicht näher erläutern kann, beschlossen wir, unsere Arbeit geheim zu halten und die Erfindung an einem sicheren Ort zu verbergen, bis die Zeit reif war, sie der Welt zu präsentieren.

Die Erfindung befindet sich an einem Ort, den nur du und Professor Frisch kennen. Ich vertraue darauf, dass ihr beide das Richtige tun werdet und die Erfindung zum Wohle der Menschheit einsetzen werdet. Ich wünsche dir alles Gute, mein lieber Max, und hoffe, dass du die geheime Erfindung finden wirst, bevor es zu spät ist.

Mit all meiner Liebe,

Dein Großvater

Professor Frisch legte den Brief beiseite und betrachtete Max nachdenklich. "Das ist eine außergewöhnliche Geschichte, Max", sagte er schließlich. "Ich erinnere mich an die Tage, als wir an dieser Erfindung arbeiteten, aber wir beschlossen, sie geheim zu halten, um sie vor denen zu schützen, die sie für böse Zwecke nutzen könnten."

Max nickte verständnisvoll und drängte: "Aber Professor, wir müssen die Erfindung finden, bevor es zu spät ist! Die Welt braucht sie jetzt mehr denn je."

Professor Frisch seufzte und nickte zögernd. "Du hast recht, Max. Doch die Suche nach der Erfindung wird nicht einfach sein. Wir müssen jeden Hinweis verfolgen und uns vor denen in Acht nehmen, die sie für ihre eigenen Zwecke nutzen wollen."

Entschlossen machten sich Professor Frisch und Max auf den Weg, um die geheime Erfindung zu finden. Sie durchsuchten das Laboratorium des Professors, alte Notizen und Aufzeichnungen durchforstend, auf der Suche nach einem Hinweis, der sie zu ihrem Ziel führen würde.

Nach tagelanger Suche stießen sie schließlich auf einen versteckten Raum im Keller des Laboratoriums, den selbst Professor Frisch seit

Jahren vergessen hatte. In diesem Raum fanden sie eine geheimnisvolle Truhe, die mit alten Symbolen und Zeichen verziert war.

Max öffnete die Truhe vorsichtig und hielt den Atem an, als er den Inhalt sah - eine seltsam geformte Apparatur, die mit einem komplizierten Mechanismus versehen war. Professor Frisch betrachtete die Erfindung mit faszinierten Augen und erkannte sofort das Potenzial, das sie hatte.

"Das ist sie, Max", sagte er mit einem Hauch von Ehrfurcht in seiner Stimme. "Die geheime Erfindung, von der dein Großvater sprach. Sie ist eine Zeitmaschine."

Max konnte sein Glück kaum fassen und betrachtete die Erfindung mit Staunen. "Eine Zeitmaschine? Das ist unglaublich, Professor! Aber was werden wir damit tun?"

Professor Frisch lächelte und legte eine Hand auf Max' Schulter. "Wir werden sie nutzen, um die Welt zu einem besseren Ort zu machen, Max. Wir werden die Vergangenheit ändern und die Zukunft gestalten, so wie es dein Großvater gewollt hätte."

Mit Mut, Entschlossenheit und einer Prise Abenteuerlust machten sich Professor Frisch und Max auf eine Reise durch die Zeit, bereit, das Unmögliche möglich zu machen und die Zukunft zu gestalten.

Professor Frisch and the Secret Invention

In the picturesque streets of Vienna lived an eccentric old gentleman named Professor Heinrich Frisch. Professor Frisch was a brilliant inventor and scientist, whose unconventional ideas and inventions were known throughout the city. Yet despite his fame and success, he led a modest life in a small house on the outskirts of town, where he tinkered in his laboratory on new inventions.

One day, as Professor Frisch was working in his laboratory, he heard a knock on the door. Surprised, he set aside his work and opened the door to see a young man named Max, who approached him excitedly.

"Professor Frisch, I need your help," Max said breathlessly. "My grandfather left me an old letter, in which he mentioned a secret invention he once developed with you. I have no idea what it is, but I believe it could be the solution to all our problems."

Professor Frisch regarded the young man skeptically, but then he recognized the seriousness in his eyes and felt an excitement that was not unfamiliar to him. He nodded slowly and invited Max inside.

Together, they sat down at the table, where Max took the old letter from his grandfather out of his pocket and handed it to Professor Frisch. The professor took the letter and began to read, his brow furrowed in deep thought.

Dearest Max,

By the time you read this letter, I will no longer be among you. But I have something important to leave you, something that could change the world. Many years ago, when I was a young man, I worked with Professor Heinrich Frisch on a secret invention that had the potential to change people's lives forever. However, for reasons I cannot explain in this letter, we decided to keep our work a secret and to hide the invention in a safe place until the time was right to present it to the world.

The invention is located in a place that only you and Professor Frisch know. I trust that both of you will do the right thing and use the invention for the benefit of humanity. I wish you all the best, my dear Max, and hope that you will find the secret invention before it is too late. With all my love,

Your Grandfather

Professor Frisch set the letter aside and regarded Max thoughtfully. "This is an extraordinary story, Max," he said finally. "I remember the days when we worked on this invention, but we decided to keep it secret to protect it from those who might use it for evil purposes."

Max nodded understandingly and urged, "But Professor, we must find the invention before it's too late! The world needs it now more than ever."

Professor Frisch sighed and nodded hesitantly. "You're right, Max. But finding the invention won't be easy. We'll have to follow every clue and be wary of those who might want to use it for their own purposes."

Determinedly, Professor Frisch and Max set out to find the secret invention. They searched the professor's laboratory, sifting through old notes and records, searching for a clue that would lead them to their goal. After days of searching, they finally stumbled upon a hidden room in the basement of the laboratory, a room that even Professor Frisch had forgotten about for years. In this room, they found a mysterious chest adorned with old symbols and signs.

Max opened the chest carefully and held his breath as he saw its contents - a strangely shaped apparatus with a complex mechanism. Professor Frisch regarded the invention with fascinated eyes and immediately recognized its potential.

"This is it, Max," he said with a hint of awe in his voice. "The secret invention your grandfather spoke of. It's a time machine."

Max could hardly believe his luck and regarded the invention with wonder. "A time machine? That's incredible, Professor! But what are we going to do with it?"

Professor Frisch smiled and placed a hand on Max's shoulder. "We're going to use it to make the world a better place, Max. We're going to change the past and shape the future, just as your grandfather would have wanted."

With courage, determination, and a touch of adventurous spirit, Professor Frisch and Max embarked on a journey through time, ready to make the impossible possible and shape the future.

Ich trage niemals rote Hüte

In einem kleinen Dorf namens Sonnenberg, das von sanften Hügeln und üppigen Wäldern umgeben war, lebte eine Frau namens Anna. Anna war eine freundliche und lebhafte Frau, die das Leben in vollen Zügen genoss. Sie hatte viele Hobbys und Interessen, aber es gab eine Sache, die sie niemals tat - sie trug niemals rote Hüte.

Es begann alles vor vielen Jahren, als Anna noch ein kleines Mädchen war. Eines Tages hatte ihre Großmutter ihr einen roten Hut geschenkt, den sie mit viel Liebe gestrickt hatte. Anna war begeistert von dem Geschenk und trug den roten Hut stolz zur Schule.

Doch als sie in der Schule ankam, bemerkten die anderen Kinder sofort den roten Hut und begannen, sie damit zu verspotten. "Schau mal, Anna trägt einen roten Hut! Sie sieht aus wie ein kleiner Kasper!" lachten sie und zeigten mit dem Finger auf sie.

Anna fühlte sich zutiefst verletzt und beschämt. Sie rannte nach Hause und warf den roten Hut in eine dunkle Ecke ihres Zimmers. Von diesem Tag an schwor sie sich, niemals wieder einen roten Hut zu tragen.

Die Jahre vergingen, und Anna wurde erwachsen. Sie zog in die Stadt, fand einen Job und knüpfte neue Freundschaften. Doch trotz all ihrer Abenteuer und Erfolge hielt sie immer an ihrem Versprechen fest - sie trug niemals rote Hüte.

Eines Tages beschloss Anna, einen Spaziergang durch den nahe gelegenen Wald zu machen. Sie genoss die frische Luft und die friedliche Stille der Natur, als sie plötzlich eine Bewegung im Gebüsch bemerkte. Neugierig näherte sie sich und entdeckte einen verängstigten kleinen Vogel, der in einem Netz gefangen war.

"Oh du armer kleiner Vogel", murmelte Anna und befreite den Vogel vorsichtig aus dem Netz. Der Vogel zwitscherte dankbar und flog davon, während Anna ihm lächelnd zusah. Doch als sie sich aufrichtete, bemerkte sie etwas Ungewöhnliches - einen leuchtend roten Hut, der auf dem Boden lag.

Anna zögerte einen Moment lang, dann beugte sie sich vor und hob den Hut auf. Sie betrachtete ihn nachdenklich, spürte eine Mischung aus Neugier und Unbehagen. Doch dann entschied sie sich, den roten Hut zu behalten und ihn mit nach Hause zu nehmen.

Zurück in ihrem gemütlichen Zuhause setzte Anna den roten Hut auf und betrachtete sich im Spiegel. Ein seltsames Gefühl der Befreiung überkam sie, als sie den Hut auf ihrem Kopf spürte. Vielleicht war es an der Zeit, sich von alten Ängsten und Vorurteilen zu befreien, dachte sie bei sich.

In den folgenden Tagen trug Anna den roten Hut bei ihren Spaziergängen durch die Stadt und die umliegende Landschaft. Anfangs fühlte sie sich unsicher und beobachtet, doch mit der Zeit gewöhnte sie sich an das ungewohnte Gefühl und begann sogar, den roten Hut zu genießen.

Eines Tages, als Anna gerade durch den Park spazierte, traf sie auf eine ältere Dame namens Frau Müller, die auf einer Bank saß und auf ihre Enkelkinder wartete. Frau Müller lächelte freundlich, als sie Anna mit dem roten Hut sah, und winkte sie herüber.

"Was für ein hübscher Hut, meine Liebe", sagte Frau Müller anerkennend. "Rote Hüte stehen nur wenigen, aber Sie tragen ihn mit solcher Eleganz."

Anna lächelte verlegen und bedankte sich. Sie fühlte sich überrascht und erfreut über das Kompliment und merkte, dass der rote Hut ihr nicht nur Mut gab, sondern auch die Aufmerksamkeit anderer auf positive Weise anzog.

Mit jedem Tag wuchs Annas Selbstbewusstsein, und sie begann, den roten Hut nicht mehr nur als Accessoire, sondern als Symbol der Selbstakzeptanz und des Selbstausdrucks zu betrachten. Sie lernte, dass es in Ordnung war, anders zu sein und sich von der Masse abzuheben, solange man sich selbst treu blieb.

Und so endet die Geschichte von Anna und dem roten Hut, der ihr half, ihre Ängste zu überwinden und ihre wahre Stärke zu entdecken. Denn manchmal steckt hinter den Dingen, die wir fürchten, das größte Potenzial für Wachstum und Veränderung.

I Never Wear Red Hats

In a small village called Sonnenberg, surrounded by gentle hills and lush forests, lived a woman named Anna. Anna was a friendly and lively woman who enjoyed life to the fullest. She had many hobbies and interests, but there was one thing she never did - she never wore red hats. It all began many years ago when Anna was still a little girl. One day, her grandmother had given her a red hat that she had lovingly knitted. Anna was thrilled with the gift and proudly wore the red hat to school.

But when she arrived at school, the other children immediately noticed the red hat and began to tease her about it. "Look, Anna is wearing a red hat! She looks like a little clown!" they laughed, pointing fingers at her.

Anna felt deeply hurt and ashamed. She ran home and threw the red hat into a dark corner of her room. From that day on, she vowed never to wear a red hat again.

Years passed, and Anna grew up. She moved to the city, found a job, and made new friends. But despite all her adventures and successes, she always kept her promise - she never wore red hats.

One day, Anna decided to take a walk through the nearby forest. She enjoyed the fresh air and the peaceful silence of nature when she suddenly noticed movement in the bushes. Curious, she approached and discovered a frightened little bird trapped in a net.

"Oh, you poor little bird," Anna murmured and carefully freed the bird from the net. The bird chirped gratefully and flew away as Anna watched with a smile. But as she straightened up, she noticed something unusual - a brightly red hat lying on the ground.

Anna hesitated for a moment, then bent down and picked up the hat. She looked at it thoughtfully, feeling a mixture of curiosity and discomfort. But then she decided to keep the red hat and take it home with her.

Back in her cozy home, Anna put on the red hat and looked at herself in the mirror. A strange feeling of liberation came over her as she felt the hat on her head. Perhaps it was time to let go of old fears and prejudices, she thought to herself.

In the following days, Anna wore the red hat on her walks through the city and the surrounding countryside. At first, she felt insecure and watched, but over time, she got used to the unfamiliar feeling and even began to enjoy wearing the red hat.

One day, as Anna was walking through the park, she met an elderly lady named Mrs. Müller, who was sitting on a bench waiting for her grandchildren. Mrs. Müller smiled kindly when she saw Anna with the red hat and waved her over.

"What a lovely hat, my dear," Mrs. Müller said approvingly. "Red hats suit only a few, but you wear it with such elegance."

Anna smiled shyly and thanked her. She felt surprised and pleased by the compliment, realizing that the red hat not only gave her courage but also attracted the attention of others in a positive way.

With each passing day, Anna's self-confidence grew, and she began to see the red hat not only as an accessory but also as a symbol of self-acceptance and self-expression. She learned that it was okay to be different and to stand out from the crowd, as long as she remained true to herself.

And so ends the story of Anna and the red hat, which helped her to overcome her fears and discover her true strength. For sometimes, behind the things we fear the most, lies the greatest potential for growth and change.